ANALISI DEL LIBRO

AF143869

Lo scafandro
e la farfalla
• • • • • • • • • • • • • •

Jean-Dominique Bauby

ANALISI DEL LIBRO

Scritto da Audrey Millot
Tradotto da Sara Rossi

Lo scafandro e la farfalla

· ·

JEAN-DOMINIQUE BAUBY

JEAN-DOMINIQUE BAUBY

GIORNALISTA E SCRITTORE FRANCESE

- **Nato a Parigi nel 1952**
- **È morto a Berck-sur-Mer (Nord-Pas-de-Calais, Francia) nel 1997**
- **Opere degne di nota:**
    - *Raoul Lévy, un aventurier du cinéma* ("Raoul Lévy, un avventuriero del cinema", 1995), biografia
    - *Lo scafandro e la farfalla* (1997), romanzo autobiografico

Jean-Dominique Bauby lavorava come caporedattore della rivista femminile *ELLE* e aveva una passione per il giornalismo e la vita in generale. Il suo mondo è crollato l'8 dicembre 1995, quando è stato colpito da un ictus ed è entrato in coma profondo. Al suo risveglio, soffriva della sindrome di locked-in, ovvero, sebbene le sue facoltà mentali fossero intatte, era completamente paralizzato e non poteva più muoversi, mangiare, parlare e nemmeno respirare senza assistenza. Questa sindrome era stata descritta ne *Il conte di Montecristo* (1845) di Alexandre Dumas, *Père* (scrittore francese, 1802-1870), ma solo nel 1947 è stato diagnosticato dal punto di vista medico il primo caso di questo raro disturbo neurologico. Il romanzo di Bauby *"Lo scafandro e la farfalla"* ha permesso al grande pubblico di conoscere la sensazione di essere imprigionati nel proprio corpo, ma l'autore è morto pochi giorni dopo la sua pubblicazione, nel 1997.

LO SCAFANDRO E LA FARFALLA

UNA STORIA PERSONALE STRAZIANTE

- **Genere:** romanzo autobiografico

- **Edizione di riferimento:** Bauby, J. (2008) *The Diving Bell and the Butterfly.* Londra: Harper Perennial.

- **1ª edizione:** 1997

- **Temi:** la malattia, la morte, l'amore, il tempo, l'epifania, la comunicazione, il ricovero ospedaliero, la solitudine

Dopo che un ictus lo ha reso incapace di comunicare con altre persone, Jean-Dominique Bauby ha deciso di scrivere un libro per raccontare la sua vita. L'opera che ne risulta è un resoconto straziante delle esperienze di un uomo che è stato descritto da alcuni come un "vegetale" (p. 90).

Con l'aiuto di un logopedista, Bauby è riuscito a comunicare battendo la palpebra sinistra una volta per il "sì" e due volte per il "no". Utilizzò questo metodo per indicare le lettere dell'alfabeto che gli venivano lette da un oratore, e in questo modo formò parole e frasi, arrivando a dettare un intero libro. Il romanzo ha venduto milioni di copie ed è stato adattato per il cinema da Julian Schnabel (pittore e regista americano, nato nel 1951) nel 2007.

SINTESI

Lo scafandro e la farfalla non è un romanzo lineare. Nei 28 capitoli che lo compongono, l'autore-narratore racconta la sua vita all'ospedale navale di Berck-sur-Mer, dove ha vissuto dopo l'ictus, intervallata da aneddoti della sua vita precedente, sogni poetici o fantasiosi e riflessioni. I titoli dei capitoli sono personali e si riferiscono a oggetti o aspetti della sua vita in ospedale o della sua vita prima dell'ictus.

CAPITOLI SULLA SUA VITA QUOTIDIANA

Preghiera

In questo capitolo, Bauby parla apertamente della sua condizione, la sindrome Locked-in, e descrive poi il grande e variegato gruppo di persone che si sono riunite per pregare per la sua guarigione. Parla anche di sua figlia Céleste e dice che la sua preghiera è la più bella di tutte.

Tempo di bagno

Bauby racconta il suo "bagno settimanale" che "lo immerge contemporaneamente nell'angoscia e nella felicità" (p. 24). In un certo senso, è un momento piacevole perché gli permette di sentire di nuovo il suo corpo, ma gli ispira anche nostalgia per il periodo precedente all'incidente. Si sente combattuto tra felicità e umiliazione: è felice che ci si prenda cura di lui perché questo lo aiuta a sentirsi meno solo, ma allo stesso tempo si sente infantilizzato dal fatto di non poter fare nulla da solo. Il giorno in cui prova per la prima volta una sedia a rotelle, Bauby è costretto ad accettare di essere disabile e questa consapevolezza lo colpisce duramente.

L'alfabeto

La sindrome di Locked-in impedisce qualsiasi comunicazione verbale o scritta, poiché il paziente non può più parlare o usare le mani. Tuttavia, è in grado di sbattere le palpebre e, grazie a un sistema ideato dal suo logopedista che gli permette di selezionare le lettere dell'alfabeto, Bauby riesce a comunicare con i suoi cari. Egli osserva: "È un sistema abbastanza semplice. Si legge l'alfabeto (versione ESA, non ABC) finché con un battito di ciglia non ti fermo sulla lettera da annotare" (p. 28).

Angelo custode

Questo capitolo rende omaggio alla pazienza e al duro lavoro di Sandrine, la sua logopedista, che svolge un ruolo fondamentale nella sua vita ora che non può più vivere in modo indipendente. Lei rappresenta il suo unico contatto con il mondo esterno: "È lei che ha stabilito il codice di comunicazione senza il quale sarei tagliato fuori dal mondo" (p. 47).

Voce fuori campo

Sebbene Bauby non possa più esprimere i suoi pensieri ad alta voce, ciò non gli impedisce di giudicare interiormente coloro che lo circondano. Descrive il medico che gli ha chiuso la palpebra destra perché "non svolgeva più la sua funzione protettiva e rischiavo di avere una cornea ulcerata" dicendo che "era il modello del medico che non si cura di niente: arrogante, brusco, sarcastico" (pp. 61-62). Ritiene che queste esplosioni di umorismo siano indispensabili "per mantenere la sua mente acuta, per evitare di cadere in una rassegnata indifferenza" (p. 63).

Il mio giorno fortunato

Bauby ricorda una giornata particolarmente difficile in cui ha vissuto una serie di episodi umilianti, tra cui un incidente con il tubo dell'urina. Tuttavia, nel suo racconto l'incidente diventa tragicomico piuttosto che un motivo di pietà. Quando l'infermiera arriva nella sua stanza per pulirlo, accende la televisione e uno spot pubblicitario chiede: "Sei nato fortunato?" (p. 65). Essendo uno dei casi più gravi dell'ospedale e subendo umiliazioni quotidiane, Bauby si sente tutt'altro che fortunato. È anche abbastanza lucido da capire che la sua condizione mette a disagio le infermiere e i pazienti meno gravi.

CAPITOLI SUI SUOI SOGNI, RICORDI E RIFLESSIONI

L'imperatrice

Bauby presenta al lettore la moglie di Napoleone III (1808-1873) e la sua abilità di narratore fa sembrare che l'imperatrice Eugenia (1826-1920) si aggiri davvero per i corridoi dell'ospedale.

Cinecittà

L'ospedale navale può sembrare deprimente, ma permette all'immaginazione di Bauby di correre liberamente: "I sobborghi di Berck sembrano un plastico ferroviario. Una manciata di edifici ai piedi delle dune di sabbia dà l'illusione di una città fantasma del West" (p. 37). Si immagina in un nuovo ruolo, quello del "più grande regista di tutti i tempi" (*ibid.*).

La salsiccia

Non potendo nutrirsi da solo, Bauby non prova più piacere durante i pasti. Combatte questo problema immaginandosi seduto a tavola: "Per il piacere devo ricorrere alla memoria vivida dei sapori e degli odori, un serbatoio inesauribile di sensazioni. Una volta ero un maestro nel riciclare gli avanzi. Ora coltivo l'arte di cuocere a fuoco lento i ricordi" (p. 44). Ha ancora un vivido ricordo d'infanzia della salsiccia che assaporava come se fosse un dolce. L'esperienza di Bauby potrebbe essere considerata l'opposto di quella di Marcel Proust (scrittore francese, 1871-1922): mentre il sapore di una madeleine riportava Proust alla sua infanzia, sono i ricordi infantili di Bauby a sostenere il suo rapporto con il cibo.

La foto

Bauby ricorda con affetto il padre, che non ha potuto visitarlo in ospedale a causa dell'età. Gli invia una vecchia foto delle vacanze, che ispira Bauby a rievocare i suoi ricordi dell'estate e della sua vita a Parigi.

Bauby ha trascorso un'estate a Berck-sur-Mer con i suoi genitori, anni prima di essere ricoverato in ospedale. Ricorda l'ultima volta che ha visto suo padre nel suo appartamento a Parigi e parla del semplice gesto che ha compiuto quel giorno facendogli la barba: "Ora sono io che mi faccio la barba ogni mattina e penso spesso a lui mentre un'infermiera mi gratta faticosamente le guance con una lama vecchia di una settimana. Spero di essere stato un Figaro più attento" (p. 53). Attraverso questo paragone, egli traccia un parallelo tra la disabilità e la vecchiaia, il che indica che la sua mente è ancora acuta: "Siamo entrambi casi chiusi in casa, ognuno a modo suo: io nella mia carcassa, mio padre nel suo appartamento al quarto piano" (pp. 52-53).

Un'altra coincidenza

Prima dell'ictus, Bauby aveva intenzione di riscrivere *Il conte di Montecristo*. Si chiede scherzosamente se sia stato punito dagli dei per aver voluto "manomettere i capolavori" (p. 56).

Il sogno

Durante un sogno, Bauby trasforma il suo ictus in un episodio di una serie poliziesca, dove è vittima di una strana trama quasi surrealista: "Al posto di bicchieri e bottiglie, file di tubi di plastica penzolano verso il pavimento come le maschere di ossigeno di un aereo in difficoltà. […] Sono stato completamente drogato" (p. 59).

La nostra Madonna personale

Bauby ricorda un viaggio fatto alla fine degli anni Settanta con l'allora fidanzata Josephine. Descrive il suo brutto carattere e il suo egoismo: quando erano in vacanza insieme, non riusciva a distogliere la sua attenzione dal libro che stava leggendo, *La pista del serpente*, e questo portava a discussioni tra loro. In questo capitolo racconta alcuni aneddoti, tra cui la loro visita a Lourdes, la città dei miracoli.

Attraverso un vetro scuro

È quando i suoi figli lo visitano che Bauby è più dolorosamente consapevole della sua disabilità:

> "Il suo viso a un metro e mezzo dal mio, Theophile è seduto, in paziente attesa – e io, suo padre, ho perso il semplice diritto di arruffare i suoi capelli irti, di stringere il suo collo lanuginoso, di abbracciare il suo piccolo, flessuoso, caldo corpo contro di me. Non ci sono parole per esprimerlo. La mia condizione è mostruosa, iniqua, rivoltante, orribile. Improvvisamente non ne posso più" (p. 79).

Parigi

L'ictus ha segnato una rottura con la sua vita precedente, che inizia a sembrargli così estranea che comincia a vedere la sua stessa città, Parigi, come uno sfondo cinematografico che "mi lasciava indifferente" (p. 86).

La rapa

Le voci sul suo stato di salute si diffondono a Parigi: "Lo sapevate che Bauby è ormai un vegetale totale?, dice uno" (p. 90). Ferito nell'orgoglio, Bauby decide di rimanere in contatto con i suoi cari, amici e parenti per dimostrare che è ancora vivo e può comunicare attraverso la scrittura.

Bauby spiega perché ha scelto di scrivere. In primo luogo, è una sorta di vendetta: vuole dimostrare che non è stato ridotto a uno stato vegetativo e che altri possono "unirsi a [lui] nel [suo] bozzolo" (*ibid*.). Tuttavia, la motivazione principale è quella di rimanere in contatto con il mondo esterno: molti dei suoi amici hanno iniziato a scrivergli e le loro lettere sono una bella testimonianza della loro amicizia.

Un giorno nella vita

Bauby racconta il giorno dell'incidente e descrive la sua vita prima dell'ictus: "Come milioni di parigini, con gli occhi vuoti e il colorito spento, Florence e io ci imbarcammo come zombie in una nuova giornata di punizione in mezzo al caos indescrivibile causato dallo sciopero" (p. 127). La sua vita era monotona, ripetitiva e governata dall'abitudine. Il giorno dell'incidente è ancora vivido nella sua memoria e la canzone dei Beatles "A Day in the Life", che aveva sentito e provato a suonare quella stessa mattina, è ben impressa nella sua mente. Dopo aver raccontato la sua giornata alla rivista *ELLE*, Bauby passa alla sua vita familiare. Quella sera andò a prendere il figlio Theophile dalla madre. Non appena è salito in macchina per tornare a casa, la sua vista ha cominciato ad annebbiarsi. Dopo qualche curva, fu costretto ad accostare. La cognata lo portò d'urgenza all'ospedale, dove entrò in coma.

La stagione del rinnovamento

A Bauby sembra piacere la calma di settembre, ben lontana dal trambusto del ritorno al lavoro dopo le vacanze estive, che viveva ogni anno a Parigi. Nonostante la disperazione che prova nel vedere gli oggetti quotidiani, come la borsa di Claude e il copione, e la sensazione di non appartenere più al mondo, conclude il libro con una nota di speranza: "Dobbiamo continuare a cercare. Ora vado" (p. 139). Ha un desiderio di azione che si manifesta nel tentativo di tuffarsi a capofitto in un mondo immaginario per allontanare la disperazione.

STUDIO DEL CARATTERE

L'AUTORE-NARRATORE

Il protagonista del libro è l'autore-narratore, la cui personalità si rivela nel corso del romanzo. Prima dell'incidente, Bauby era un uomo molto attivo che viveva la vita al massimo: "Il mio temperamento veloce, il mio amore per i libri, il mio gusto smodato per la buona tavola, la mia decappottabile rossa: nulla viene tralasciato" (p. 94). Paradossalmente, descrive anche la sua precedente esistenza in termini piuttosto cupi, in quanto era completamente assorbito dalla sua vita quotidiana, vedeva solo il lato negativo delle cose e non trovava il tempo per assaporare i piaceri della vita. Nel racconto della sua relazione con Josephine ammette anche il proprio egoismo e la propria ipocrisia.

L'ictus lo cambia: diventa più maturo e paziente e inizia a prestare maggiore attenzione a ciò che lo circonda. Ora che il suo corpo è diventato una prigione, Bauby lo vede come una "campana d'immersione" da cui può guardare il mondo senza prenderne parte. Si rende conto che la sua vita prima dell'incidente era in gran parte priva di significato e apprezza maggiormente il valore dell'amicizia, assaporando ogni momento prezioso con i suoi amici e la sua famiglia. Inoltre, le lettere che riceve lo commuovono e rivelano profondità insospettate ad alcuni dei suoi cari: "Ero stato cieco e sordo, o ci vuole il bagliore del disastro per mostrare la vera natura di una persona?" (p. 91). Dopo l'incidente, abbandona la maschera che usava per integrarsi con gli altri e smette di farsi pesare il passato. È consapevole che la sua sfortunata condizione mette a disagio gli altri.

La sindrome di Locked-in ha distrutto la sua autostima e sente di non appartenere più alla razza umana: "Fin dall'inizio di questo libro ho avuto l'intenzione di descrivere i miei ultimi momenti come un terrestre perfettamente funzionante" (p. 127). L'espressione "perfettamente funzionante" è un'altra indicazione della sua perdita di autostima, poiché implica che gli esseri umani sono semplici macchine e, ora che Bauby è costretto a letto, ha semplicemente smesso di lavorare. Ciò fornisce una chiara indicazione dell'impatto psicologico della malattia. Quando i figli lo coccolano per la festa del papà, si descrive come "un abbozzo, un'ombra, un piccolo frammento di papà" (p. 80). Si sente un guscio di persona e un peso per gli altri.

Nonostante la sua disabilità, conserva il suo senso dell'umorismo, ad esempio quando descrive "qualche goccia di acqua aromatizzata al limone e un mezzo cucchiaio di yogurt" come un "banchetto" (p. 43).

ALTRI PERSONAGGI

La famiglia Bauby

I suoi figli Theophile, Hortense e Celeste, che non può più tenere in braccio, sono molto importanti per Bauby, anche se sono quasi assenti dalla narrazione. Cita anche il padre, la cui situazione è simile alla sua: all'età di 92 anni, non può più scendere le scale del suo palazzo. I suoi cari lo consolano e rendono la sua situazione un po' più facile da sopportare: in particolare, sua figlia Celeste e suo padre sono "i due anelli esterni della catena d'amore che lo circonda e lo protegge" (p. 49). Al contrario, menziona a malapena la madre dei suoi figli, o Josephine, una vecchia fidanzata con cui ha avuto una relazione "complicata" (p. 67).

Il personale medico

Parla anche con grande affetto del personale medico e del suo fisioterapista. Nonostante alcuni di loro siano un po' rudi e privi di tatto, dice: "Mi sono reso conto di essere affezionato a tutti questi miei aguzzini" (p. 119). Parla anche della sua logopedista, che gli ha insegnato il codice che usa per comunicare: la chiama il suo "angelo custode", una chiara indicazione della sua importanza per lui. È l'unica persona che può comunicare con lui, il che la rende una sorta di ponte tra la sua mente e il mondo esterno.

Sebbene siano in gran parte anonimi, il personale medico svolge un ruolo fondamentale: si prende cura di Bauby e fa di tutto per capire cosa sta cercando di dire usando le lettere dell'alfabeto. Tuttavia, Bauby si scontra con il fatto di dipendere da medici e infermieri: nel capitolo "L'ora del bagno", osserva amaramente: "Posso trovare divertente, nel mio quarantacinquesimo anno, essere pulito e girato, avere il sedere pulito e fasciato come quello di un neonato" (p. 24).

Bauby divide le persone che gli parlano in tre categorie: "visitatori nervosi" che "snocciolano l'alfabeto senza tono, alla massima velocità" (p. 29), "persone frenetiche" che trasformano l'alfabeto in "una raffica di artiglieria" (*ibid.*) e "persone mistiche" che "non sbagliano mai" (pp. 29-30). Ha l'impressione che questo nuovo sistema di comunicazione sia una sorta di gioco in cui le persone intorno a lui si cimentano nel tentativo di stabilire una qualche forma di contatto con lui.

ANALISI

LO STILE E LA STRUTTURA DEL ROMANZO

Lo scafandro e la farfalla è composto da 28 brevi capitoli, ognuno dei quali descrive un ricordo, una situazione quotidiana o una riflessione sotto forma di flashback. Bauby utilizza ogni episodio per trasmettere le sue emozioni, ormai confinate nella sua mente.

Temi pesanti

I temi del romanzo includono l'amore, la solitudine, la malattia, la morte, la comunicazione, la psicologia (in particolare l'immagine di sé e la sofferenza delle persone disabili) e il ricovero in ospedale. Uno dei temi più importanti è il tempo, e più in particolare lo scorrere del tempo.

L'autore è immobilizzato e intrappolato nel presente dalla sua malattia, che non gli lascia altra scelta che guardare al passato e rivivere le sue esperienze precedenti. Questo stabilisce un costante parallelo tra il passato e la sua vita com'era, e il presente e la sua vita com'è ora. Sebbene abbia dei rimpianti per il modo in cui ha vissuto in passato, è anche consapevole della felicità che ha perso.

Immergersi nei suoi ricordi, che affronta con umorismo e umiltà, gli permette di aggrapparsi alla felicità che ora ha perso e che all'epoca non apprezzava appieno.

Il tema della malattia è intrinsecamente legato ai sentimenti e alle sensazioni di Bauby. Ora che è intrappolato nel suo corpo e non può condividere le sue impressioni con altre persone, usa il suo libro per parlare a lungo delle sue sensazioni, siano esse piacevoli o spiacevoli. La paura è onnipresente fin dalle prime pagine del romanzo: Bauby ci dice che ha paura di morire, di perdere il suo posto nella società, di allontanarsi dai suoi figli e di non essere più in grado di comunicare: "Un terrore irrazionale mi assalì. E se quell'uomo si fosse fatto prendere la mano e mi avesse cucito anche l'occhio sinistro, il mio unico legame con il mondo esterno […]?" (p. 61).

Si percepisce anche l'amarezza e la rabbia dell'autore per l'ingiustizia della sua situazione, accentuata dalla frustrazione che prova quotidianamente. Ha perso la sua libertà e dipende completamente da altre persone; inoltre, non può più parlare, il che significa che, nonostante gli sforzi di coloro che lo circondano, non possono capirlo appieno. Di conseguenza, non è in grado di prendere decisioni autonome in alcune situazioni in cui si trova, come quando uno "stupido senza cuore" (p. 48) spegne la partita Bordeaux-Monaco all'intervallo anche se lui voleva continuare a guardarla. Si descrive anche in modo umoristico e autoironico: ad esempio, si riferisce a se stesso come a "un caporedattore che non sa nemmeno pronunciare il nome della sua stessa rivista!" (p. 48).

Stile di scrittura

Il romanzo è scritto al presente e, mentre l'autore usa occasionalmente il passato per raccontare i suoi ricordi, il futuro è assente dalla narrazione. Nel primo capitolo, "La sedia a rotelle", Bauby descrive la sua crescente disillusione. Inizialmente la sua "mente vagabonda era occupata da mille progetti" (p. 15), ma poi "in un lampo vide la spaventosa verità" che non sarebbe guarito e sarebbe rimasto intrappolato per il resto della sua vita (p. 17). Egli comprende rapidamente la gravità della sua situazione e resiste all'impulso di aggrapparsi a false speranze grazie a una combinazione di coraggio e rassegnazione. Nei primi due capitoli del romanzo, spiega perché il libro è scritto al presente e al passato: non si permette di parlare del futuro, perché non pensa di avere un futuro. Poiché il romanzo è autobiografico e l'autore e il narratore sono la stessa persona, egli scrive in prima persona e si rivolge direttamente ai lettori: "Non potete immaginare le acrobazie […]" (p. 48).

Gli episodi del romanzo sono narrati in ordine sparso, in base al momento in cui Bauby li ricorda. Si lascia guidare dalla memoria e passa continuamente dal racconto di eventi banali in ospedale a episodi del suo passato prima dell'incidente.

Bauby utilizza uno stile di scrittura originale e fa spesso paragoni insoliti e inaspettati: "In un lampo vidi la spaventosa verità. Era accecante come un'esplosione atomica e più acuta della lama di una ghigliottina" (p. 17). L'immagine della ghigliottina è potente e trasmette efficacemente la sensazione di Bauby di essere stato condannato a una pena brutale senza speranza di appello.

UN ROMANZO SULLA PRIGIONIA?

La visione del mondo di Bauby è allo stesso tempo realistica e poetica. È tagliato fuori dal resto del mondo, racchiuso nella bolla di vetro della sua campana subacquea, dove la sua "mente prende il volo come una farfalla" (p. 13). Questa campana subacquea è l'immagine che ha scelto per trasmettere la sensazione di essere intrappolato nel proprio corpo. La contrappone all'immagine della farfalla per dimostrare che ha il potere di svolazzare tra i suoi ricordi e di raccogliere i piccoli momenti della vita. Lungi dal crogiolarsi nell'auto-commiserazione, sa ridere di se stesso e coglie tutte le occasioni per setacciare con maggiore intensità le sensazioni della sua vita precedente: l'odore delle patatine fritte, l'incontro immaginario con l'imperatrice Eugenia (il cui busto è esposto davanti all'ospedale), la contemplazione del modo in cui la periferia di Berck-sur-Mer assomiglia a un set cinematografico, e così via.

Il titolo *Lo scafandro e la farfalla* esprime la sensazione di Bauby di essere un prigioniero, intrappolato nel suo corpo e tagliato fuori dal mondo, la cui mente è il suo unico mezzo di fuga. È come se si trovasse in una campana di vetro, poiché i suoi rapporti con il mondo e i suoi sensi sono drasticamente diversi. Non può parlare, la sua vista è limitata perché può vedere solo attraverso l'occhio sinistro e l'udito è gravemente compromesso: "Il mio orecchio destro è completamente ostruito e il mio orecchio sinistro amplifica e distorce tutti i suoni a più di tre metri di distanza" (p. 103). Usa paragoni umoristici per trasmettere la sua frustrazione: "Quando un aereo trascina sulla spiaggia la pubblicità del parco a tema

locale, potrei giurare che un macinino da caffè sia stato inne-
stato nel mio timpano" (*ibid.*).

Tuttavia, sotto il peso di questa campana subacquea, scopre
una nuova capacità: l'osservazione. Ad esempio, si rende
conto che coloro che lo circondano trovano il suo silenzio
difficile da gestire ("Quanto mi piacerebbe poter rispondere
con qualcosa di diverso dal silenzio a questi teneri richiami.
So che alcuni di loro lo trovano insopportabile", p. 49) e si fa
un'idea del dolore altrui, in particolare di suo padre ("Non
deve essere facile per lui parlare a un figlio che, come ben sa,
non risponderà mai", p. 53) e della sua ex moglie ("Dietro
occhiali scuri che riflettono un cielo impeccabile, piange dol-
cemente sulle nostre vite distrutte", p. 82).

Sebbene sia innegabilmente vittima della sua prigionia,
dimostra anche una notevole creatività: "Lontano da questo
frastuono, quando torna il silenzio benedetto, posso ascol-
tare le farfalle che svolazzano nella mia testa" (pp. 104-105).
Queste farfalle simboleggiano la sua capacità di vedere l'invi-
sibile e di sentire l'inudibile, come un sesto senso che si svi-
luppa solo quando gli altri sensi sono inattivi. Questa capacità
gli permette anche di sognare e di creare mondi incantati. La
metafora della farfalla che vola di fiore in fiore rappresenta
quindi la libertà della sua mente.

UNA STRAORDINARIA CAPACITÀ DI CREARE

L'immaginazione, i ricordi e i riferimenti culturali di Bauby gli
permettono di dare nuova vita al triste e banale mondo
dell'ospedale. Ha una straordinaria capacità di evadere nella

poesia o nella sua immaginazione. L'esempio più eclatante è il capitolo intitolato "L'imperatrice". L'imperatrice Eugenia, moglie di Napoleone III, era la patrona dell'Ospedale Navale e la galleria dell'ospedale conservava due registri della sua visita. Bauby ci riporta nel passato e descrive "lo stuolo chiacchierone delle dame di compagnia" e "il cappello di Eugenia con i suoi nastri gialli" (p. 32), ma viene subito riportato alla realtà quando nota "la testa di un uomo che sembrava uscito da una vasca di formaldeide" (*ibid.*) riflessa nella finestra. Quando si rende conto che quell'uomo orrendo e sfigurato non è altro che lui stesso, scoppia a ridere. Invece di piangere per il suo destino, sceglie di "trattare tutto come uno scherzo" (p. 33).

Possiamo trovare molti altri esempi di questa capacità di evadere e creare: nel primo capitolo, egli immagina che gli assistenti siano "gangster cinematografici che lottano per infilare il corpo dell'informatore ucciso nel bagagliaio della loro auto" (p. 17), iniettando umorismo in quella che avrebbe potuto essere una situazione tragica. Allo stesso modo, il colore ocra dei muri di mattoni all'alba gli ricorda la tonalità del suo libro di grammatica greca e dei suoi studi, e questo lo aiuta a dimenticare la tonalità rosa pallido dei corridoi dell'ospedale, che ricorda un cerotto.

Un'altra illustrazione del suo potere di creazione è la capacità di mettersi nei panni degli altri e di immaginarsi come pilota o corridore. Ad esempio, nel capitolo intitolato "Cinecittà", diventa il "più grande regista di tutti i tempi" (p. 37) sul balcone dell'ospedale, che si affaccia sulla periferia di Berck-sur-Mer. Questo è senza dubbio anche un modo per prendere le distanze dalla propria tragedia, trasponendola nel regno della finzione. Nel capitolo "Voce fuori campo", immagina addirittura di mettere in scena un'opera teatrale sulla sua esperienza: "La commedia segue le avventure del signor L nel mondo della medicina" (p. 63). Parlando di sé in terza persona e immaginandosi dietro le quinte di un teatro, Bauby minimizza la sua situazione e fa ridere i lettori.

Infine, si immagina anche come diversi personaggi di fantasia. Si paragona alla statua del Commendatore nell'ultimo atto del *Don Giovanni* (1787) di Mozart (compositore austriaco, 1756-1791) quando "trascorre mezz'ora sospesa" su una tavola inclinata che viene lentamente sollevata fino alla verticale (p. 41) e, più avanti, si paragona al vecchio Noirtier de Villefort de *Il conte di Montecristo* di Dumas.

UNA NUOVA PROSPETTIVA DI VITA

Bauby sembra usare la sua storia per incoraggiarci a sfruttare al massimo la nostra felicità, che non durerà per sempre. Il suo incidente gli ha fatto capire che prima aveva una bella vita ma non l'aveva mai apprezzata veramente; la sua disabilità gli ha dato una visione più filosofica sull'esistenza. Attraverso la sua riflessione, vediamo che quando era in salute non ha mai vissuto la vita appieno. Descrive il suo vecchio io come uno zombie, intrappolato in una routine che sembrava solo tollerare. La rabbia e la passione che provava da giovane giornalista sembravano essersi gradualmente dissipate.

Dopo la sua esperienza di pre-morte, vede la sua vita e i suoi cari in modo totalmente diverso. Ha una visione della vita più matura e più calma. È diventato consapevole del valore di ogni piccola cosa: "Compivo meccanicamente tutti quegli atti semplici che oggi mi sembrano miracolosi: radermi, vestirmi, bere una cioccolata calda" (p. 128). Allo stesso tempo, è rimasto disilluso dal modo in cui viveva prima dell'incidente. Ora che è consapevole del valore di ogni momento, si rende conto delle scelte sbagliate che ha fatto, impantanato nella routine e non disposto ad apprezzare la sua felicità. Ricorda l'ultimo momento di intimità trascorso con la sua ragazza, Florence: "Come posso descrivere il risveglio per l'ultima volta, incurante, forse un po' scontroso, accanto al corpo flessuoso e caldo di una ragazza alta dai capelli scuri? " (p. 127). In seguito ripensa a questo episodio, alla luce della sua nuova consapevolezza, e si rende conto di non aver mai guardato oltre i dettagli meno importanti della sua routine e di aver lasciato che questi offuscassero la sua visione della vita, invece di concentrarsi sulle cose che contano davvero. Questa improvvisa consapevolezza è dolorosa, perché si rende conto di aver lasciato passare gran parte della sua vita. Osserva: "Oggi mi sembra che tutta la mia vita non sia stata altro che una serie di piccole mancanze [...] le donne che non siamo riusciti ad amare, le occasioni che non abbiamo colto, i momenti di felicità che abbiamo lasciato andare alla deriva" (p. 102).

Tuttavia, questa constatazione non è solo amara. L'ictus gli ha aperto gli occhi sull'importanza delle piccole coincidenze e dei momenti speciali: "C'è sempre la possibilità di imbattersi in qualche angolo sconosciuto dell'ospedale, di vedere facce nuove o di sentire un profumo di cucina al nostro passaggio" (p. 36). Il suo libro si conclude addirittura con una nota di ottimismo, perché si rende conto che dobbiamo trovare la forza dentro di noi piuttosto che da fonti esterne.

ULTERIORI RIFLESSIONI

ALCUNE DOMANDE SU CUI RIFLETTERE...

- Descrivete il tono generale del libro.

- Secondo lei, a quale genere appartiene questo romanzo? Possiamo dire che si tratta di un diario o di un'autobiografia? Spiegate la vostra risposta.

- *Lo scafandro e la farfalla* non è un romanzo lineare. Spiega questa affermazione.

- Bauby scrisse questo libro mentre era paralizzato e costretto nel suo letto d'ospedale. Credi che l'arte (scrittura, musica, pittura, ecc.) possa aiutare le persone a superare le difficoltà della loro vita? Ampliate la vostra risposta.

- La contemplazione e la lettura sono attività solitarie accessibili a Bauby, intrappolato nella sua campana subacquea. Perché ha bisogno di questi passatempi nella sua vita, "proprio come ha bisogno di respirare" (p. 63)?

- Come descriverebbe il rapporto tra Bauby, i figli e il padre dopo l'ictus?

- "Ero stato cieco e sordo, o ci vuole il bagliore del disastro per mostrare la vera natura di una persona?". (p. 91). Cosa ne pensate di questa riflessione? Secondo voi, la sofferenza porta a una consapevolezza più acuta delle persone, del mondo e della vita?

- Descrivete l'autore prima e dopo l'incidente. Che cosa ha cambiato in lui l'ictus?

- Spiega come Bauby possa essere paragonato a Marcel Proust.

- A quale altra opera paragonerebbe *Lo scafandro e la farfalla*? Spiegate la vostra scelta.

ULTERIORI LETTURE

EDIZIONE DI RIFERIMENTO

Bauby, J. (2008) *Lo scafandro e la farfalla.* Londra: Harper
Perennial.

ADATTAMENTI

Lo scafandro e la farfalla. (2007) [Film]. Julian Schnabel. Dir.
Francia: Pathé Renn Productions.

Vogliamo sapere da voi!
Lasciate un commento sulla vostra biblioteca online
e condividete i vostri libri preferiti sui social media!

Sebbene l'editore faccia ogni sforzo per verificare l'accuratezza delle informazioni pubblicate, 50minutes.com non si assume alcuna responsabilità per il contenuto di questo libro.

www.50minutes.com

Master ISBN: 9782808690119
ISBN cartaceo: 9782808611510
Deposito legale: D/2023/12603/1431

Copertura: © Primento

Concezione digitale a cura di Primento, il partner digitale degli editori.